金梧桐

魔力数学 1

符号数感

宋　君　张文艳　韩晓彤　著

中原出版传媒集团
中原传媒股份公司

大象出版社
·郑州·

图书在版编目(CIP)数据

魔力数学. 符号 数感 / 宋君, 张文艳, 韩晓彤著.
郑州 : 大象出版社, 2024. 7. — ISBN 978-7-5711
-2266-9

Ⅰ. G624. 503

中国国家版本馆 CIP 数据核字第 2024R111F7 号

MOLI SHUXUE

魔力数学

——符号 数感

宋 君 张文艳 韩晓彤 著

出 版 人 汪林中
责任编辑 梁金蓝
责任校对 任瑾璐
装帧设计 付锬锬
部分插图 一碗面工作室

出版发行 大象出版社(郑州市郑东新区祥盛街 27 号 邮政编码 450016)
发行科 0371-63863551 总编室 0371-65597936
网 址 www.daxiang.cn
印 刷 新乡市豫北印务有限公司
经 销 各地新华书店经销
开 本 720 mm×1020 mm 1/16
印 张 9.75
字 数 79 千字
版 次 2024 年 7 月第 1 版 2024 年 7 月第 1 次印刷
定 价 32.00 元
若发现印、装质量问题,影响阅读,请与承印厂联系调换。
印厂地址 新乡县经济开发区富兴路东段
邮政编码 453000 电话 0373-5635065

嗨，我是“藏不住秘密”的淘淘国王，称霸数学界是我的目标，而且我在《魔力数学》中很快找到了称霸的秘籍，想知道是什么吗？嘿嘿，快来加入我的战队，一起在阅读中寻找吧！

鹤立鸡群是我的标签，自信严谨是我的优势，压轴亮相是我的出场方式，我就是淘淘数学称霸路上的拦路石——“数学小诸葛”乐乐大人。

大家好！我是可爱的飞飞。老师说学好数学能让我的思维更开阔，能让我变得越来越聪明。老师说得一定没错！

你好，我是花花，悄悄地告诉你，同学们私下里都说我是“十万个为什么”，我觉得学无止境，不懂就要问嘛，嘻嘻！谁也阻挡不了我成为“数学花仙子”的脚步！

数学阅读，为我们打开一扇窗

提到阅读，人们通常想到的是语文阅读，很少将阅读与数学联系在一起。可见，数学阅读是被忽视的。因此，在落实核心素养的今天，重视数学阅读，具有重要意义。

我的教学主张是智慧数学。我始终认为：使学生获得终身发展的数学就是智慧数学。数学本身是一门智慧之学，而数学阅读是开启学生智慧的一把金钥匙，可以促进思维发展，提升思维品质。

本套丛书以核心素养为背景，将数学基础知识、基本技能、基本思想、基本活动经验融入故事、游戏、活动中。书中的故事充满童趣，与学生生活实际紧密结合，让我们体会到数学的广泛应用，分享到数学智慧阅读的快乐与愉悦。通过本套丛书的阅读，小朋友们能够增长智慧，数学会变得“好玩”，真正让孩子们在阅读中学习，在运用中提高。本套丛书有如下特点：

一、是目前少有的专门针对小学生的数学课外读物

在数学课外阅读书籍中，本套丛书是少有的贴近学生实际、非常适合12岁之前开展数学阅读的读物。

数学阅读研究得到北京师范大学刘坚教授、福建省特级教师王永老师、新世纪小学数学教材编写团队王明明老师等国内中小学数学专家的肯定，还得到了华人数学家蔡金法教授为期三年的跟踪与指导。

二、与学生的现实生活紧密联系

本套丛书注重从现实生活中提炼阅读素材，通过阅读、思考、表达促进学生在真实的世界中感受数学的价值。从生活的世界入手阅读，通过思维的深加工，不断抽象为数学的模型，解决生活中的实际问题，从而提升学生的数学素养。

同时，本套丛书是作者在坚持20多年的实践研究中，在撰写的300余篇（约16万字）的学生阅读资源中，修改、完善、提炼，逐渐成为学生最喜欢的、独具特色的数学课外阅读读物。

三、重在培养学生的阅读能力、思考能力和表达能力

学生核心素养的终极目标是：培养学生应具备的适应个人终身发展和社会发展需要的正确价值观、必备品格和关键能力，而关键能力就是阅读能力、思考能力和表达能力。

2022年4月，《义务教育数学课程标准（2022年版）》发布，数学核心素养构成简称“三会”，即会用数学的眼光观察现实世界，会用数学的思维思考现实世界，会用数学的语言表达现实世界，而《魔力数学》正是以“故事分享”“思考分析”“拓展思路”“答案提示”“智慧提升”板块加以呈现。故事分享板块，旨在让学生通过阅读培养其阅读能力；思考分析板块，是让学生通过阅读，学会用数学的头脑进行思考、分析和推理，无形中培养其思考能力；拓展思路板块，提升学生的思维能力，促进数学素养的达成；

答案提示板块，在学生解决问题有困难时给其一把扶梯，使他们跳一跳能够得着；智慧提升板块，是让学生跳出数学来看待问题，会有新的发现和见识。

四、将数学基本知识、技能与数学思想融入故事、游戏、活动中

故事是孩子们最喜欢的，而本套丛书将数学融入故事中，采用故事叙述的方式呈现阅读内容，极大地调动了学生阅读的兴趣，使学生在不知不觉中爱上阅读，善于阅读，发展其核心素养。

在数学故事的阅读中，将数学故事情境还给学生，鼓励他们积极思考，从而获得知识技能、数学思考、问题解决、情感态度的全面发展。数学阅读故事的展开过程就是学生积极思考的过程。在数学阅读的过程中，兴趣能够引发学生思考，学生通过独立思考，不断“建立模型—解释应用”。

五、指导学生形成高观点背景下的深入思考

我们读这套丛书不仅仅是阅读故事，更是对数学问题进行深入思考。尤其是智慧提升板块，非常注重对故事背后的解决策略、数学思想等及时进行归纳和提升，促进学生对数学的本质有一定理解。

这种提升和发展，能够促进学生不仅仅在故事中捕捉有效的数学信息，更对形成高观点下的深入思考有着积极作用。

宋　君

目 录

数数中的小诀窍

故事分享

淘淘最近迷上了数数，看到什么他都想数一数。课间休息时，班里的同学们在玩五子棋，淘淘想帮忙数一数黑棋、白棋分别有多少颗棋子。淘淘拿出一盒五子棋，认真地数起来。他先数黑棋子，是一个一个数的：1、2、3、4、5……可是，数着数着他就数迷了，不知道该数几了。正在淘淘愁眉不展时，乐乐从教室外面走进来，乐乐看到淘淘正在一个一个地数黑色的棋子，就对淘淘说："你这样数太慢了，看！我想到了一个更好、更快的数数方法。"说着就拿起黑棋子数了起来。

他是五个五个数的：5、10、15、20、25……很快就数出了有多少颗黑棋子。小朋友们，你们还能想到其他的数数方法帮助淘淘数棋子吗？快来数一数吧！

思考分析

数数的方法还有很多。比如，根据需要，有时我们可以两个两个地数：2、4、6、8、10、12……还可以十个十个地数：10、20、30、40、50……

拓展思路

已经学过 100 了，乐乐想从 100 倒着数到 1，当他数到 90 时，不知道下一个该数多少了。

答案提示

我们可以从 90 开始正着数，90 的下一个数是 91，90 的前一个数是 89，所以倒着数时，数完 90，下一个数该数 ____。倒着数数时要集中注意力，仔细想一想，就能数对了！我们还可以几个几个地倒着数，例如：100、95、90、85、80……试着数一数吧！

智慧提升

数数的时候，我们可以正着数，也可以倒着数。

无论正着数还是倒着数，

都要按顺序进行数数，

我们会发现更多的数数小诀窍。

观看芭蕾舞

故事分享

淘淘的小表妹月月是小小芭蕾舞演员，今天，她在郑州市金芭蕾幼儿园演出，邀请淘淘和妈妈一起观看表演。可是，去幼儿园该怎么走呢？妈妈画了下面的地图：

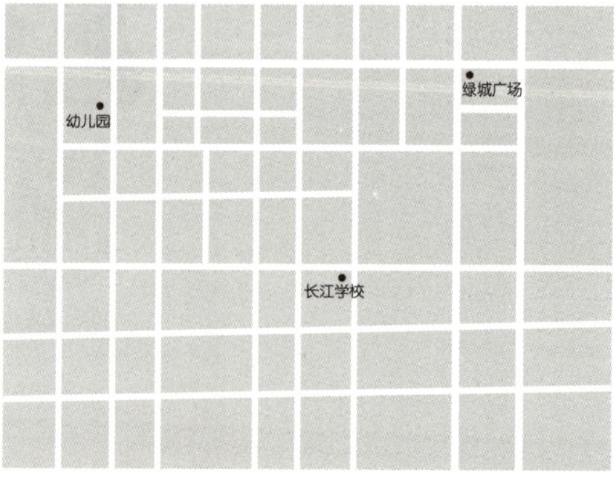

淘淘家在绿城广场附近。请问，从绿城广场到金芭蕾幼儿园的路线该怎样走呢？

思考分析

描述路线图需要有方向和距离：从绿城广场出发，向左一直走，到第八个路口后，再向左走一段距离，幼儿园就在右手边。

拓展思路

乐乐在郑州市长江学校练习跆拳道，他也要去幼儿园观看演出。请帮助乐乐规划路线吧。

答案提示

从长江学校出发，向左一直走，到第 ____ 个路口后，再向 ____ 走，过 ____ 个路口后，再走一段距离，幼儿园就在左手边。

智慧提升

描述路线可以用多种方法，对于刚接触方位的小朋友，我们可以用我们熟悉的左右来描述，这样会使路线更加清晰、明了。

好邻居

故事分享

淘淘、乐乐和天天是好朋友，他们住在同一栋，分别是 15、16 和 17 楼，淘淘住在乐乐楼上，乐乐住在天天楼上。淘淘在几楼？乐乐呢？天天呢？请开动脑筋想一想吧。

思考分析

淘淘住在乐乐楼上，乐乐住在天天楼上，在两两的比较中，我们可以找到中间的，就是乐乐，再进行比较：淘淘住得最高，天天住得最低，乐乐在中间。所以，淘淘住在 17 楼，乐乐住在 16 楼，天天住在 15 楼。你答对了吗？

拓展思路

楼上还有花花、飞飞、慧慧和盈盈四位小朋友，分别在20、21、22、23楼住，盈盈住在慧慧楼上，慧慧住在飞飞楼上，飞飞住在花花楼上。请问，每位小朋友都住在几楼呢？

答案提示

人数好多，我们可以画图解决：

因此，盈盈住在23楼，慧慧住在22楼，飞飞住在21楼，花花住在20楼。

智慧提升

生活中，由于比较对象的不同，上下位置也相对不同。我们在进行比较时，可以采用找中间量或画图的方式解决。请小朋友一定要认真思考和观察，分清楚上下哦！

填数游戏

故事分享

乐乐最近特别喜欢数学游戏，经常和淘淘一起比赛，两个小伙伴玩得开心极了。今天，乐乐和淘淘一起玩填数游戏，如下图所示：

请认真看游戏规则：

1. 将 11 ～ 19 各数按要求分别填入图中的 9 个方格中。

2. 14 在最下一行的右边。

3. 18 在最下一行的左边。

4. 15 在图形的中央。

5. 13 在 15 的下面。

6. 17 在 15 的上面。

7. 11 在 16 和 18 之间。

8. 19 在 12 的下面。

请两位小朋友开始比赛吧，看谁填得又正确又快！

思考分析

乐乐认真思考："填数游戏共有 9 个空格，需要填入 9 个数，所以 11 ～ 19 这 9 个数不能重复填，也不能少。先填哪个呢？嗯，按提示的顺序填：14，18，15，13，17，16，11，12，19。"

16	17	12
11	15	19
18	13	14

乐乐不到一分钟就填完了，结果如上图所示，淘淘检查了一下：全对。淘淘立刻为乐乐竖起了大拇指。小朋友，你填对了吗？

拓展思路

突然，淘淘说："乐乐，我考考你：请算一算每行和每列三个数的和，再算一算斜对角三个数的和，你发现了什么？"乐乐不禁陷入了沉思："这个填数游戏有什么规律呢？"

答案提示

小朋友，我们一起来算一算吧。

1. 每一行三个数的和：16 + 17 + 12 = 45；11 + 15 + 19 = 45；18 + 13 + 14 = 45。

2. 每一列三个数的和：16 + 11 + 18 = 45；17 + 15 + 13 = 45；12 + 19 + 14 = 45。

3. 斜对角三个数的和：16 + 15 + 14 = 45；12 + 15 + 18 = 45。

“哦，原来每行、每列、斜对角三个数的和相等，都是 ____。淘淘，你真是太聪明了！我要向你学习！”乐乐赞扬淘淘，淘淘虚心地说：“我是偶然发现规律的，你也发现了，真棒！”

智慧提升

填数游戏是数学游戏中的一类，需按要求有序填数，不重复，也不遗漏，才能正确完成填数游戏哦！同时，你也要有一双善于发现的眼睛，多多观察这些数，填数游戏中的规律正在等你发现呢！

比体重

故事分享

暑假来了，淘淘、乐乐和天天三个小朋友每天都可以在一起玩。淘淘说："我们去玩跷跷板吧。"乐乐和天天愉快地答应了。第一次玩跷跷板的是淘淘和乐乐，当他们坐上跷跷板时，淘淘低，把乐乐翘得高高的；第二次玩跷跷板的是乐乐和天天，乐乐低，天天被翘得很高。淘淘妈妈说："孩子们，玩跷跷板时，低的那边小朋友重，被翘高的那边小朋友轻。你们三个谁最重？谁最轻？"同学们，你们知道他们三人谁最重吗？

思考分析

第一次玩跷跷板的是淘淘和乐乐，淘淘低，也就是淘淘和乐乐比，淘淘重，我们可以记录：淘淘>乐乐。第二次玩跷跷板的是乐乐和天天，乐乐低，也就是乐乐和天天比，乐乐重，我们可以记录：乐乐>天天。淘淘、天天都与乐乐作比较，淘淘的体重大于乐乐的体重，乐乐的体重大于天天的体重。因此，体重比较结果是：淘淘>乐乐>天天。

拓展思路

他们三人正在玩，一会儿，棒棒也来一起玩跷跷板了。棒棒和淘淘坐在两端，棒棒轻轻松松就把淘淘翘起来了。其他小伙伴说："棒棒，你最重了！"棒棒迷茫地看着小伙伴说："我才刚玩，你们怎么知道我最重呢?"小朋友，你们能说出其中的道理吗?

答案提示

棒棒不知道在他来之前，小伙伴就知道淘淘是最重的。棒棒和淘淘坐在跷跷板的两端，棒棒轻轻松松就把淘淘翘起来了，这说明棒棒比淘淘还 ____，他是四个人里面最 ____ 的，所以：

棒棒 > 淘淘 > 乐乐 > 天天

小朋友，你明白了吗？

智慧提升

跷跷板就像一架天平，可以通过平衡判断谁轻谁重。当小朋友人数多的时候，需要两两互相比较。所以，小朋友，比较可是有大学问的，玩跷跷板时，沉下去的一端重，我们可以借助中间的一位同学进行比较，这样比较简单。

姥姥家的小动物

故事分享

暑假来了，乐乐妈妈带乐乐回姥姥家避暑，他高兴极了。一到姥姥家，乐乐就吃到了甜甜的大西瓜，他一边吃一边在院子里四处张望。这时，小鸡宝宝和小鸭宝宝从他面前跑过，他放下手里的西瓜，开始追小动物们了。姥姥说：“乐乐，小鸡有 3 只，小鸭有 4 只，你数一数，一共有多少只小动物呢？”

思考分析

想知道“一共有多少只小动物”，要用加法，乐乐把 3 和 4 加起来，就可以算出一共有多少只小动物了，可以用算式表示：3 + 4 = 7（只）。

拓展思路

乐乐跟着姥姥去赶集，姥姥又买了 2 只鹅宝宝，现在姥姥家一共有多少只小动物？

答案提示

这个问题依然要用加法，把 3、4、2 加起来，用算式表示：3 + 4 + 2 = 9（只），还可以两两相加，用 ________________，________________ 来表示。

智慧提升

加法就是把两个数（或几个数）合并成一个数的运算，生活中经常要用到加法。乐乐不仅知道“求一共有多少”要用加法，还能用算式来表示加法，并进行准确运算。

哪杯橙汁多

故事分享

今天是淘淘的生日，他的小伙伴乐乐也来为他庆祝生日，吃蛋糕，玩游戏，你追我赶，开心极了！一会儿，淘淘妈妈送来了两杯橙汁，两位小朋友都想喝到最多的橙汁。可是，哪杯橙汁多呢？请你也来思考一下吧。

思考分析

要想知道哪杯橙汁多，就要进行比较。比较的方法有很多，比如：1. 把橙汁倒进大小相同的两个杯子中，看看哪杯倒得多。2. 先把一杯橙汁的高度做上标记，倒出来，再把另一杯橙汁倒进去，进行比较。

拓展思路

淘淘妈妈又端来了三杯甜甜的苹果汁，请比较一下，哪杯苹果汁多？

答案提示

同样，我们可以用比较橙汁多少的方法比较苹果汁的多少。

智慧提升

淘淘和乐乐借助生活经验，通过观察、动手操作进行物体间多少的比较，知道了比较的方法，希望小朋友也学会这种比较的方法，正确比较出结果。

猜谜语

故事分享

今天，数学课上开展“谜语大赛”活动，同学们都开心极了，纷纷举手上台出谜语。淘淘作为数学课代表，第一个出谜语：“横看是把尺，竖看是根棒，年龄最最小，大哥它来当。”张老师为淘淘竖起大拇指，并鼓励其他同学认真猜谜语。乐乐低头思考了一会儿，举手回答：“是1，数字1！”淘淘宣布：“答对了！”全班响起热烈的掌声。接着，乐乐也出了一个谜语：“四个兄弟一样长，两两相对围成框，阅兵队形常用到，对称轴儿有四条。打一平面图形。”同学们，这是什么图形呢？

思考分析

一年级时认识的平面图形有长方形、正方形、圆、三角形。那么，哪个平面图形符合谜面呢？

四个兄弟是边，一样长，也就是说四条边一样长，这不就是正方形嘛，而且在电视上看阅兵仪式时兵哥哥们走的就是方队。对了，就是正方形！

拓展思路

飞飞出示的数学谜语是：哥哥长，弟弟短，天天赛跑大家看，哥哥跑了 12 圈，弟弟刚刚跑 1 圈。（打两个实物）

慧慧的数学谜语：这个脑袋真正灵，忽闪忽闪眨眼睛，东南西北带着它，加减乘除不费劲。（打一计算工具）

天天出了这样一个数学谜语：能分曲直，能辨尺寸，要问长短，请它帮忙。（打一文具）

同学们，你们想到答案了吗？可要认真想一想哦！

答案提示

飞飞的谜底：________________。

慧慧的谜底：________________。

天天的谜底：________________。

智慧提升

数学谜语充分体现了数学的趣味性，每次猜数学谜语都需要我们理解数学的内容，因为这些数学谜语可以帮助我们更好地理解数学内容。因此，多猜数学谜语，可以让我们变得越来越聪明！

数和数字一样吗

故事分享

淘淘是一年级的小学生了，他对数学非常感兴趣。数学课上，他学会一首数字儿歌：“1像铅笔细又长，2像鸭子水中游，3像耳朵听声音，4像红旗迎风飘，5像秤钩称东西……”上数学课可真有意思！他的脑海里经常会蹦出许许多多的问题。比如：为什么只有10个数字呢？数字和数一样吗？

淘淘一下课就迫不及待地把想到的这些问题告诉给张老师，张老师表扬了爱动脑筋、爱提问题的淘淘。张老师说：“数有无限个，范围很大，

数字一般是指我们学过的阿拉伯数字‘1、2、3、4、5、6、7、8、9、0’这十个数字，数学当中的数都是由这10个阿拉伯数字组成的。”淘淘还是有些迷糊，同学们，你们知道数和数字的区别吗？开动你的小脑筋，思考一下吧！

思考分析

数和数字是不一样的。虽然只差一个字，但是它们表示的意思却大不相同。数不仅可以表示事物的多少，还可以表示排列的顺序。数字只是用来记数的符号，通常也称数码，各国所使用的数字是不同的，我们使用的是阿拉伯数字0～9。数都是用数字来表示的，把0～9这10个数字按照一定的规则排列，就可以组成无穷无尽的数。比如：15是一个数，它是由1和5这两个数字组成的。

拓展思路

VI

数字的表示方式有很多，除了阿拉伯数字，还有罗马数字，你知道罗马数字都有哪些吗？

答案提示

1 ～ 10 用罗马数字表示分别是 ______________________________ ______________________________。罗马数字起源于罗马，比阿拉伯数字早 2000 多年，我们会在有些钟表上看到漂亮的罗马数字，有时候我们还会用罗马数字来做页数的号码，或者章节的号码。

智慧提升

生活中有许多地方都会用到数字和数，只要我们有一双数学的眼睛，就能发现数字和数的更多奇妙用途；只要我们善于观察、勤于思考、多提出问题，就能感受到数学无处不在！

换座位游戏

故事分享

我们已经成为一年级的学生了，从幼儿园到小学变化之一就是要按自己的座位上课。乐乐的班主任是按照学生的身高来排座位的。教室里的座位共有8列，每一列都有6个座位。换座位的规则是：每列的学生每周向右调换一次座位，以此类推，最右列的学生坐在最左列。

如果按照这样的规则，你知道乐乐下次回到现在的座位是第几周吗?

思考分析

根据“每列的学生每周向右调换一次座位，以此类推，最右列的学生坐在最左列”的换座位规则，假如乐乐第 1 周坐在第一列，第 2 周向右换一列，就坐在第二列……第 7 周坐在第七列，第 8 周坐在第八列，第 9 周就坐回了第一列。所以，乐乐下次回到现在的座位是第 9 周。

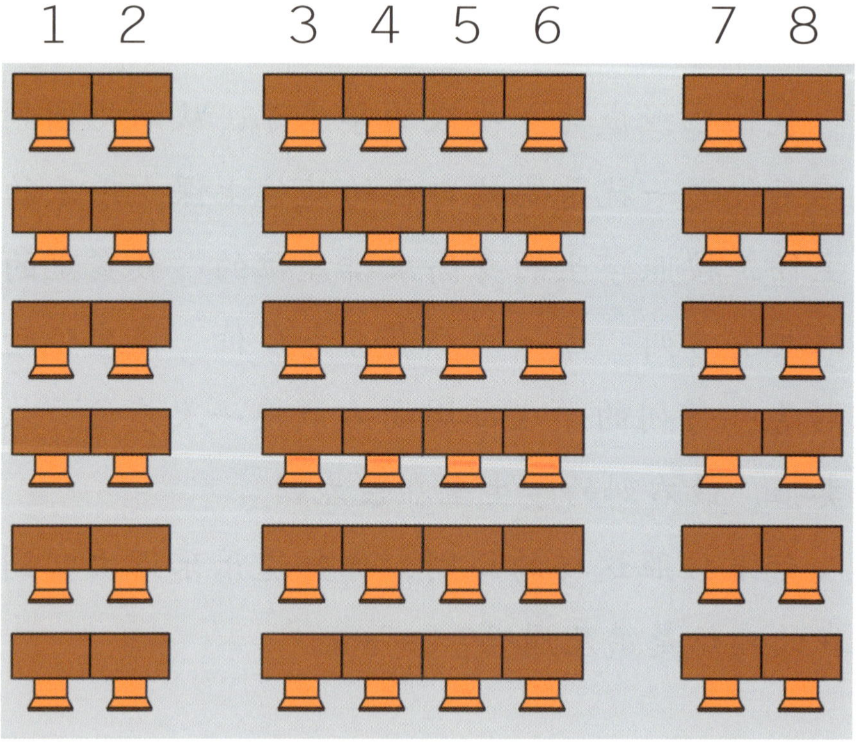

拓展思路

数学课上，张老师带领同学们玩了一个有趣的“换座位游戏”，游戏规则是这样的：淘淘、乐乐、天天、飞飞四个小朋友分别坐在 1、2、3、4 号座位上，第一次左右换座位，第二次前后换座位，第三次再左右换座位，第四次前后换……

小朋友们，你知道这样第 10 次换座位后，淘淘坐在第几号座位上吗？

答案提示

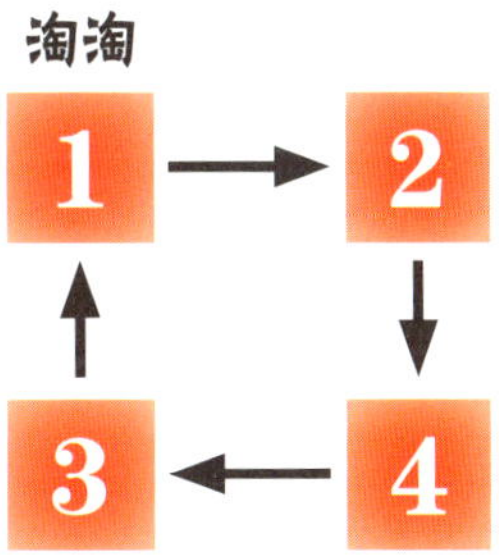

要想知道淘淘第 10 次换座位后坐在哪里，我们可以根据游戏规则找一找换座位的规律是什么。以淘淘为例，第一次左右换，淘淘从 1 号换到 2 号；第二次前后换，淘淘

从 2 号换到 4 号；第三次再左右换，淘淘从 4 号换到 3 号；第四次前后换，淘淘从 3 号换回到 1 号。淘淘换了 4 次座位后就回到了他原来的座位，我们可以发现换座位的规律是每 ______ 次就回到原座位，第 4 次回到原座位，第 8 次又回到原座位 1 号，那么第 9 次从 1 号换到 2 号，第 10 次淘淘从 2 号换到 4 号，所以，第 10 次换座位后淘淘坐在 4 号座位上。

智慧提升

生活中有很多有规律的现象，只要我们善于观察，多动脑筋思考，就不难发现数学的奥秘！

手指操

故事分享

淘淘妈妈是一位健身达人，经常在家做各种健美操，还有手指健美操呢。一天，淘淘说："妈妈，我也会做手指操，你陪我一起玩吧。"妈妈愉快地答应了。淘淘说："规则就是我们两人伸出的手指数加起来是10，现在我伸1根手指，你要伸几根手指？"妈妈说："9根。"淘淘立刻竖起大拇指表扬妈妈。接下来的手指操还可以怎么做呢？请和小伙伴一起做一做吧。

思考分析

哪两个数加起来等于 10 呢？我们可以总结一下：1 + 9，2 + 8，3 + 7，4 + 6，5 + 5，6 + 4，7 + 3，8 + 2，9 + 1。真是太简单啦！

拓展思路

做完上面的手指操指令，妈妈奖励了淘淘一个吻。妈妈说："还有其他的手指操指令吗？如果我不伸手指，你应该伸几根呢？"

答案提示

妈妈不伸手指就是 0，0 和几的和是 10 呢？______________。小朋友，你答对了吗？

智慧提升

这样的手指操很有趣，在玩手指操的过程中让我们智慧地思考。我国的计数法是十进制计数法，满 10 要向前一位进 1。因此，10 的加减法非常重要，你一定要掌握哦！

找数字

故事分享

周末，爸爸给淘淘买了一幅画（如下图），淘淘仔细一看，发现这幅图非常有趣，像一位魔术师。爸爸告诉淘淘：它是由不同的数字组成的。小朋友，请你仔细看一看，都有哪些数字呢？指一指分别在哪些地方。

思考分析

1～10 这 10 个数藏在画中：1、3、4、5、6、7、10 一眼就能看到。其中，10 是由 1 和 0 两个数字组成；2 在最下面，下巴的位置；8 在中间躺着，帽檐的位置；9 在最上面，帽顶的位置。

拓展思路

我们欣赏了数字画，请你发挥想象，也创作一幅数字画吧！

答案提示

请发挥自己的想象，创作一幅数字画，也可以请小伙伴或家长帮忙。

智慧提升

数字画真有趣！不仅帮助我们认识阿拉伯数字，还能让我们发挥想象力创作数字画。数字 0 ～ 9 是数学学习的基础,我们在找、画中感受到有趣与好玩。

10全10美

故事分享

周末，淘淘要外出游玩，数宝宝 0 ～ 10 知道这个消息后，恳求淘淘带它们一起去玩。淘淘说："带你们出去可以，我这次开的可是 10 全 10 美专列火车，每节车厢里的数之和是 10 才能顺利上车，你们能做到吗？"

数宝宝一听，慌忙找能和自己组成 10 的另一个数宝宝。数字 3 快速地拉住了数字 7 的手蹦到了第一节车厢上。

其他数宝宝一看，慌了神儿，恐怕自己没有机会出去游玩。

小朋友，你们猜一猜，还有哪组数宝宝也坐上了 10 全 10 美专列跟着淘淘外出游玩了呢？

思考分析

两个数的和凑成 10，就有机会坐上 10 全 10 美专列，要保证所有的数宝宝都坐上专列，就要动脑思考。因为 $10 = 0 + 10 = 1 + 9 = 2 + 8 = 3 + 7 = 4 + 6$，你猜对了吗？我们要有条理地写出所有数宝宝乘坐的车厢。

拓展思路

如果每节车厢不限数宝宝的个数，你知道还有哪组数宝宝可以同上一节车厢吗？

答案提示

三个数宝宝加起来是 10 的有：1 + 2 + 7 = 10，1 + 3 + 6 = 10，1 + 4 + 5 = 10，2 + 3 + 5 = 10。四个数宝宝加起来是 10 的有：____________________。

智慧提升

在故事情境中帮数宝宝找伙伴，从开始找两个数凑 10，接下来找几个数凑 10。我们在思考的时候，有序思考，能够让我们准确把握问题，提高解决问题的能力。

千变万化的影子

故事分享

暑假，淘淘来到姥姥家。姥姥家门前有棵大树，淘淘最喜欢坐在下面乘凉，十分凉爽。可是，大树底下也不是时时都好乘凉，细心的淘淘发现：大树的树荫有时候很长，有时候很短。淘淘疑惑极了，这到底是怎么回事呢？小朋友，你能帮淘淘解释一下吗？

思考分析

大树的树荫实际上是大树的影子，由于大树挡住了太阳光，才形成了影子。影子的变化跟太阳照射角度有关。上午，太阳斜照大树，所以影子很长；中午，太阳垂直照射大树，影子很短；下午，太阳又斜照大树，影子又变长了。所以，大树树荫最长时是上午和下午，最短时是中午。淘淘，你明白了吗？

思路拓展

淘淘恍然大悟，难怪姥姥都是早上和下午带我去树下纳凉，姥姥这么有智慧呀！姥姥说：“淘淘，我们也有影子，你用心观察一下，你的影子是怎么变化的？”

答案提示

在阳光下，我们的影子随处可见，跟大树一样，早晚影子长，中午影子短。但是，当走进树荫时，影子就不见了，这是因为淘淘的影子短，被树荫覆盖了。

智慧提升

影子是一种很有趣的现象。由于物体遮住了光，光线不能穿过不透明物体而形成的较暗区域，就是我们常说的影子。影子的变化与太阳照射角度有关。

1～9的小秘密

故事分享

淘淘早就对1～9这9个数字了如指掌，而0～9这10个数字又可以组成很多的数。这天，他在数学社团里自信满满地做起了小老师，这让乐乐、飞飞、强强都对他刮目相看。

据淘淘介绍，1～9这9个数字在我们已经熟悉的加减法中有非常有意思的计算呢！在淘淘的提示下，你能想出来吗？现在一起来接受淘淘的考验吧！

你能用最短的时间算出1＋2＋3＋4＋5＋…＋9的结果吗？

思考分析

如果我们按照从左向右的顺序逐个计算，可能会花费很多时间；如果不按照从左向右的顺序计算，我们就要寻找简便的计算方法，找到问题的突破口。我们可以利用凑十的方法进行计算：

$1+2+3+4+5+\cdots+9$

$=(1+9)+(2+8)+(3+7)+(4+6)+5$

$=10+10+10+10+5$

$=45$

拓展思路

你能把 1～9 这 9 个数字按照从小到大的顺序排列，中间添上一些“+”“−”符号，从而使计算结果等于 100 吗？快试试吧！

1　2　3　4　5　6　7　8　9 = 100

答案提示

我们在思考时，不一定都是一位数相加减，你可以把任意相邻的两个数组成两位数。比如：

$12+3-4+5+67+8+9=100$

当然，答案不仅这一种，你也可以自己进行尝试哦！

智慧提升

寻找数学中有趣的规律，要大胆、细心，敢于尝试。处理这类问题时，不要慌乱，一步步去尝试是一种方法，同时也要学会换个角度去思考，注意观察规律，找到解决问题的方法。

汉字变身

故事分享

假期里，淘淘每天临摹一张字帖，坚持久了，淘淘就练得了一手好字。妈妈看到淘淘在写“日”“月”两字，问道：“‘日’字有几画？”“4画。”“‘月’字呢？”“4画。”“‘日’和‘月’合起来是什么字？”“明。”“‘明’字有几画呢？”“4＋4＝8，8画。”妈妈夸奖淘淘：“好儿子，真聪明。汉字合体后就可以组成另外一个字了。你能举出例子来考考妈妈吗？”

思考分析

汉字文化博大精深，由两个或多个汉字可组合成不同的汉字，例如：“鱼”和“羊”组成“鲜”，笔画数是 8 + 6 = 14；“木”和“目”组成“相”，笔画数是 4 + 5 = 9；“木”“目”和“心”组成“想”，笔画数是 4 + 5 + 4 = 13。这样变身的汉字有许多呢，小朋友一定要留心观察哦！

拓展思路

汉字不仅可以组合，还可以拆分呢！拆分后笔画数怎样变化呢？小朋友，请开动脑筋想一想吧！

答案提示

淘淘立刻就想到了，郑州有个“马驫食府”，“驫”字可以拆分成 3 个“马”字，笔画数是 ____________；把“寸”字从“树”字中拆走，就剩下“权”字，“权”的笔画数是 ____________。小朋友，

你会了吗？

智慧提升

汉字通过组合与拆分可以变身，还蕴含着笔画数变化的数学知识，数学真是无处不在呢！小朋友，一定要认真学习哦！

好玩儿的数字游戏

故事分享

乐乐最喜欢玩填数游戏了。今天，他自己出了一些填数游戏的题目，准备考一考淘淘。淘淘胸有成竹地说："我的强项就是填数游戏。乐乐，今天你遇上对手啦！"乐乐笑眯眯地说："不要得意得太早哦！请把 2、3、4、5 分别填入括号里，每个式子里每个数字只能用一次。淘淘，试一试吧！"

（　）+（　）-（　）=（　）

（　）+（　）-（　）=（　）

思考分析

填数游戏中有加有减，这是混合运算，运算顺序是从左向右依次计算。填数游戏的规则是每个式子里每个数字只能用一次，请淘淘注意游戏规则哦！我们可以采用尝试的方法进行解答，通过尝试、调整，我们可以列出这样的算式：

（4）+（3）-（2）=（5）

（3）+（4）-（5）=（2）

当然答案不止以上两种，动脑筋想一想，你会有不同的答案。比一比，谁是最爱动脑的学生。

拓展思路

淘淘一下子就做出来了，乐乐又出了一个填数游戏，请思考：把 1、2、3、4、5、6、7、8 这 8 个数字分别填入括号里，每个数字只能用一次。

（　）+（　）=（　）+（　）=（　）+（　）=（　）+（　）

答案提示

我们仔细观察这个等式，是四组相等的式子，我们可以将 1 ～ 8 这 8 个数字分为结果相等的 4 组，就可以完成如下的等式：（1）+（8）=（2）+（7）=（__）+（__）=（__）+（__）。

智慧提升

填数游戏是数学加减法的变形，属于混合运算，混合运算的计算顺序是从左往右依次计算。数学游戏中的填数游戏一般要求每个数字只能用一次，这是解题要点。

填数游戏形式多样，规则也都不同。因此，在玩数字游戏时一定要弄清楚游戏规则哦！遵守规则，才能做得又快又对！

神奇碰碰车

故事分享

淘淘、乐乐、天天和慧慧四个小朋友相约去玩碰碰车，你碰我，我碰你，真好玩儿呀！一会儿，碰碰车管理员说：“这些碰碰车都有序号，还有红、绿两个按钮，按下红色按钮相碰的做加法，按下绿色按钮相碰的做减法。现在请看一看自己的序号吧。”淘淘乘坐的碰碰车是 12 号，乐乐乘坐的是 6 号，天天乘坐的是 4 号，慧慧乘坐的是 3 号。“现在请按下红色按钮，继续玩两人碰碰车游戏吧。”同学们，你们知道会出现哪些情况吗？

思考分析

要解决这个问题，需要将碰碰车序号两两相加，只有按顺序相加，才能不重复、不遗漏。我们可以按这样的顺序列一列：

淘淘乘坐的碰碰车会和乐乐、天天、慧慧乘坐的碰碰车碰在一起，所以会有下面的算式：

淘淘和乐乐碰：12 + 6 = 18；

淘淘和天天碰：12 + 4 = 16；

淘淘和慧慧碰：12 + 3 = 15。

乐乐乘坐的碰碰车会和天天、慧慧乘坐的碰碰车碰在一起（也会和淘淘乘坐的碰碰车碰在一起，但重复了），所以会有下面的算式：

乐乐和天天碰：6 + 4 = 10；

乐乐和慧慧碰：6 + 3 = 9。

天天乘坐的碰碰车和慧慧乘坐的碰碰车碰在一起（重复不再统计），所以会有下面的算式：

天天和慧慧碰：4 + 3 = 7。

哇！有这么多情况呀！小朋友，你考虑得对吗？

拓展思路

现在请小朋友们按下绿色按钮，开始玩两人碰碰车游戏吧。请认真思考，你能得到哪些结果？

答案提示

按下绿色按钮，需要将碰碰车序号两两相减，只有按顺序相减，才能不重复、不遗漏。我们可以按这样的顺序列一列：

淘淘和乐乐碰：12 - 6 = 6；

淘淘和天天碰：12 - 4 = 8；

淘淘和慧慧碰：12 - 3 = 9；

乐乐和天天碰：________________；

乐乐和慧慧碰：________________；

天天和慧慧碰：________________。

智慧提升

两两相碰需要碰碰车序号两两相加减，只有按顺序相加减，才能不重复、不遗漏。看来，准确地解决问题，需要进行全面的思考。

买文具

故事分享

开学啦！淘淘来到文具店里购买文具。在出门之前，淘淘首先清点了一下自己的购物需求：家里数学本足够用了，铅笔够用了……根据需求统计，一张购物清单就被清晰地罗列了出来。淘淘需要购买5本作文本和1块橡皮。

文具店里人真多啊，淘淘在逛的过程中遇到了他的好朋友乐乐，他也来购买作业本，乐乐需要购买作文本、数学本各5本。

两人结伴而行，先是将整个文具店浏览了一遍，然后来到了作业本区。只见货架上整齐地摆放着作文本、数学本、英语本、笔记本等，在它们下方就是价格了：作文本每本2元，数学本每本2元，英语本每本3元……淘淘用眼睛一扫，就开始计算自己需要花多少钱了。乐乐刚刚在脑海里算到一半，淘淘就已经算好了自己需要花费多少钱了。等乐乐算完，淘淘问："你需要花费多少钱呢？"乐乐说："作文本2元1本，所以我买作文本需要花：1本2元，2本4元，3本6元，4本8元，5本10元，作文本需要10元。数学本也是2元1本，买5本同样也需要花10元。买5本作文本和5本数学本，需要把花费的两个10元合在一起，一共是20元。""对，你算得没错，我也买了5本作文本，但是没有买数学本，我还买了1块橡皮，我比你少花了9元。"

小朋友，你知道淘淘总共花了多少钱吗？你知道1块橡皮的价钱吗？

思考分析

乐乐买 5 本作文本和 5 本数学本，一共消费了 20 元。淘淘说："我比你少花了 9 元。"那么，淘淘花费的钱数我们就能根据条件列出算式来计算：20 － 9 ＝ 11（元）。

淘淘需要购买 5 本作文本和 1 块橡皮。借助乐乐购买 5 本作文本的计算，不难得出淘淘购买 5 本作文本需要花费 10 元。淘淘一共花的钱是 11 元，那么 1 块橡皮的价格很快就能计算出来：11 － 10 ＝ 1（元）。

拓展思路

如果把淘淘购物清单中的 1 块橡皮换成 1 本英语本，淘淘会比乐乐少花多少钱呢？

答案提示

1 块橡皮换成了 1 本英语本，我们就需要先计算出淘淘购物的总钱数。根据故事中的数学信息，1 本英语本是 3 元，买 5 本作文本和 1 本英语本，一共花费 ______________。用乐乐花费的 20 元减去 13 元，即 ________________，即可算出淘淘比乐乐少花了

______元。

我们也可以这样计算：将 1 块橡皮换成了 1 本英语本，在价格上，一块橡皮 1 元，一本英语本 3 元，淘淘当前的购物清单比之前的购物清单多花费了 3 － 1 ＝ 2（元）。之前淘淘比乐乐少花了 9 元，现在比乐乐少花了 9 － 2 ＝ 7（元）。

智慧提升

在购物过程中，我们往往会根据需要列出购物清单，即购物的种类、数量等。而在实际购物的过程中，我们需要找到所需物品的单价。有了单价和数量，我们不难计算得出购买这些物品的总价。

四则运算符号的由来

故事分享

“淘淘同学在10月份的数学学习中表现优异，获得了‘数学日记小达人’的荣誉称号。”这是淘淘收获的第一张喜报，说起来，这张喜报的获得可不容易呢！

一年级的数学学习中，很多内容都是减法。虽然淘淘已经学过了加法，但是减法算来算去好像并不是那么好玩，而且还经常出错。张老师为了鼓励大家学习，想了许多好办法。其中，写数学日记就是一项特色作业。

淘淘对此非常感兴趣。可是，数学日记该怎

么写呢？又怎么帮助同学们去学习数学呢？淘淘一开始也很为难，他只好去问爸爸。爸爸听完之后，笑着对淘淘说：“最简单的方法，就是留意你身边发生的事情，然后用数学的眼光进行观察并把它记录下来。”

淘淘又去找好朋友乐乐，想和他讨论一下具体该怎么写。乐乐对淘淘说：“我们可以在日记里记录每日一题，通过难题、错题的记录分析来提高自己的计算能力。”

后来，淘淘还询问了许多人，每个人好像都有不同的看法和思路。听了这么多的想法之后，淘淘灵机一动，突然拍手笑道：“我怎么才想到呀！”

于是，淘淘用自己的方法，写了一篇关于“加、减号的由来”的数学日记。通过这次经历，淘淘找到了自己今后写数学日记的突破口——查阅、分享有

趣的数学故事。

在月末的班级评价会上，张老师亲手将喜报颁发给了淘淘，并在班上表扬了淘淘同学的好学上进。“有限的数学课堂可以带给我们无限的学习空间，通过淘淘同学本月的数学日记，我看到了他的努力与智慧，他已经找到了自己探索数学世界无穷奥秘的方法。同学们，只要我们有一双善于发现的眼睛，就会学有所获，让我们一起在数学王国里尽情畅游吧！还有更多的奥秘等待着大家去探索呢！”

亲爱的小读者朋友，如果你也想像淘淘一样收获自己的成长与快乐，不妨从现在开始，踏上书写数学日记的发现之旅吧！如果你不知道写什么，也可以像淘淘一样，认真查阅资料，了解我们当前所学习的加、减号的由来。这样，更有助于丰富我们的数学学习哦！

思考分析

“+”“-”出现在中世纪欧洲。当时的酒商在出售酒以后，用横线标出酒桶里的存酒，而当桶里的酒又增加时，便用竖和横表示增加的酒量。1489 年，德国数学家魏德曼在他的著作中首先使用“+”“-”表示剩余和不足。1514 年，荷兰数学家赫克把它用作代数运算符号。后来又经过法国数学家韦达的宣传和提倡，才开始普及。直到 1630 年，才得到大家的公认。其实，早在中国商代，已经有了加、减法运算，但是同其他几个文明古国如古埃及、古希腊和古印度一样，都没有加、减号。

小学的数学学习是鲜活的，有趣的。淘淘通过记录数学日记，不仅调动了学习的积极性，而且丰富和扩充了自己的数学知识。我们应该像淘淘那样，对数学学习追根溯源。通过历史故事来了解加、减号的由来，深入理解加、减法。

拓展思路

除了加、减法，你还知道哪些运算？你还知道用哪些运算符号来表示这些运算呢？

答案提示

除了加、减法，还有乘法和除法，可以用“×”和“÷”分别表示。

“×”表示乘，是英国数学家奥特雷德首创的。他在1631年出版的《数学之钥》中引入这种记法。据说是由加法符号“+”变动而来，因为乘法运算是从相同数的连加运算发展而来的。

除法符号“÷”是英国的瓦里斯最初使用的，后来在英国得到了推广。除的本义是分，符号“÷”的中间的横线把上、下两部分分开，形象地表示了“分”。

智慧提升

丰富数学学习，巩固与拓展知识视野的方法有很多。数学日记是其中简单易操作的方法之一。除此之外，记录真实生活情境、建立错题集、编写数学故事、记录解决生活实际问题等都是非常好玩并且实用的做法。如果能够坚持记录数学日记，我们的数学学习将会趣味无穷。

人民币的故事

故事分享

钱币，人们几乎每天都要用。中国是世界上最早使用货币的国家之一，据古代文献记载和大量出土文物证实，中国使用货币已有三千年以上的历史，历史悠久的钱币文化是中国传统文化的重要组成部分。

人类使用货币的历史产生于物物交换的时代。在原始社会，人们使用以物易物的方式，交换自己所需要的物资，比如一只羊换一把石斧。但是随着参与交换的种类增多，物物交换的缺点越来越明显，人们不得不寻找一种交换双方都能够接受的物品。最后，一般等价物集中在贵金属金银上，出现了货币。

思考分析

想一想，古人没有人民币，他们是怎么买东西的呢？

拓展思路

古人最早使用物物交换，渐渐地才有了最早的钱币——海贝、铜贝。秦始皇统一中国后，颁布了中国最早的货币法，“以秦币同天下之币”。北宋时，铁钱一贯重达二十五斤八两，在四川买一匹罗（丝织品），要付一百三十斤重的铁钱。铁钱如此笨重不便，于是就有了最早的纸币——交子的出现。

智慧提升

人民币的产生是我们生产生活的需要，希望同学们可以了解更多有关人民币的知识，在生活中爱惜、保护人民币。

原始人捕猎

故事分享

乐乐对古代人的计数方法很感兴趣，他在一本历史书中看到了原始人捕猎的故事。于是，他就把这个故事讲给淘淘和天天听。

在很久很久以前，原始人都住在山洞里。白天，男人们出门狩猎，女人们就在山洞的周围采集野果，边照看孩子，边等着猎人们满载而归。狩猎是非常危险的事情，不但需要每个人都非常勇敢，还要有团队精神。想靠这些食物喂饱山洞里的每一个人，这对原始人来说，可不是一件容易的事情！为什么呢？因为原始人没有“数”的概念。

今天狩猎的食物够不够呢？原始人没有数，也不会数，只能凭感觉……所以经常有人饿肚子。后来，有一位聪明的原始人，想出了一个非常棒的方法！他把一道道长短不一的条纹刻在自己的长矛上，每一条条纹都代表着部落里的一位成员。下次再出去狩猎时，就把食物和刻痕的数量比一比，这下，再也不会有人饿肚子啦！小朋友们，你知道这是为什么吗？

思考分析

只要每一份食物都能和每一道刻痕对应上，那就能保证每个人一定有一份食物，这些神奇的刻痕，在部落成员和食物的数量之间，建立起了一个神奇的关系：一一对应。

拓展思路

淘淘和天天听得津津有味，还想了解更多古人计数的方法，乐乐继续讲道："最早人们是用手指和脚趾来计数的，后来发现手和脚还要做其他的事情，不能总用来计数呀！人们就想出了'结绳计数'的方法来计数。"你们了解"结绳计数"的方法吗？猜一猜，古人是怎样用结绳计数的呢？

答案提示

"结绳计数"是远古时代的人最常用的计数方法，就是用给绳打结的办法来计算物体的数量，在从左往右依次排行的不同绳子上打上结。

智慧提升

数学和人们的生活有很大的联系，只要你拥有一双善于发现和观察的眼睛，多关注和了解一些数学的发展史，你就能发现更多数学的奇妙用途！

大大的摩天轮

故事分享

人民公园有个大大的摩天轮，乐乐最喜欢坐摩天轮了。周末，妈妈又带乐乐去人民公园了，乐乐特别开心，一路蹦蹦跳跳地来到公园。“哇，好漂亮的摩天轮！”乐乐高兴地对妈妈说。妈妈刮了刮乐乐的鼻子问道：“乐乐，你认真观察，摩天轮有什么特点呢？”乐乐默默地观察：摩天轮就像一个大轮子一样，是圆的，中间还有许多直直的东西，在圆的中间。妈妈夸奖乐乐观察得仔细，接着问道：“摩天轮为什么是圆的呢？”

思考分析

摩天轮中的“摩天”是跟天接触，很高很高的意思。轮子是圆的，因为圆的半径（也就是圆中间直直的东西）长度相同，方便转动。所以，摩天轮一般是圆形的。

拓展思路

乐乐在一天的游玩中快乐无比，他提出了这样一个问题：“有没有其他形状的摩天轮呢?”同学们，你们能回答这个问题吗?

答案提示

在日本关西重镇大阪有世界上第一个椭圆形摩天轮，形状如右图所示。

等乐乐长大了，爸爸妈妈就要带乐乐去坐一坐不同形状的摩天轮呢。

智慧提升

圆形的物品在日常生活中经常见到，圆是我们学过的很独特的图形。只要认真观察生活，我们就能在生活中找到所学的图形。

哪个图形最有用

故事分享

在认识了许多图形之后，淘淘和乐乐发生了争执。哪个图形用处最多、功劳最大？淘淘认为："圆的用处最多，你看，生活中到处都有圆。"乐乐说："长方形才是用处最多、功劳最大的呢！我见到的长方形比圆要多。"

在认识平面图形的学习中，他们主要认识了长方形、正方形、三角形、平行四边形、梯形和圆。这些图形都有各自的特征和用处。要比较起来的话，很难取舍，不知道谁是最有用的图形。

于是，淘淘和乐乐来到了张老师的办公室，

想让他说一说哪个图形的用处最多。

张老师说："这些图形的特点各不相同，而且用处也各有千秋，我结合了很多图形的优点发现，其实正方形应该算是最有用的图形。"

张老师的答案是正方形，可是没有说为什么。淘淘和乐乐还是感到很困惑，为什么是正方形呢？两人想到了一个好办法，他们准备去查一查关于正方形的资料，来看一看正方形都有哪些用处。

通过查阅资料，他们发现涉及正方形的内容真多呀！有一些地方他们虽然看不懂，但是感觉正方形真的很有用。

正方形属于特殊的平行四边形，它的对边平行且相等；又属于特殊的长方形，它有四个角都是直角。也就是说，正方形吸收了长方形、平行四边形的所有优点。同时，正方形是轴对称图形。一般平行四边形不是轴对称图形，长方形和菱形有两条对称轴，正方形有四条对称轴，比其他图形（除了圆）都要多。因此，可以说正方形的优点最多、用处最大。而且，它的对称性非常好，因此看起来非常好看。正方形的优点还有很多，在以后的学习和研究中，我们还会有更多的发现。

淘淘和乐乐在看完这些资料之后，感叹道：“原来正方形综合了这么多图形的优点呀！”看来它真的是用处最多、功劳最大的图形呀！

你还知道正方形的哪些特点和用处吗？可以查阅资料哦！

思考分析

正方形是特殊的长方形；正方形的四个角都是90°，它的内角和为360°；正方形的对角线相等且互相平分；正方形的每条对角线平分一组对角；正方形可以通过不同的旋转方式，得到许多不同的美丽图案。

拓展思路

通过细心观察和直观感知，我们都能从生活中找到哪些图形？

这些图形为什么会出现在这里呢？又有什么用处呢？你能举例说一说吗？

答案提示

从生活实际出发，我们会发现许多图形就在我们的身边，有的是利用了这些图形美观、大方的特点，有的是运用了这些图形自身的特征，还有的是综合了许多图形的特点及运用，来服务于我们的生活，带给我们方便。只要我们善于观察和发现，认真学习图形的相关知识，我们就能掌握这些图形的特征，从而创造出更多的价值。

智慧提升

在小学阶段，图形是非常重要的学习内容。故事中哪个图形最有用的问题，其实就是运用了学生对于图形的认识，从而对各个图形的基本特征、基本应用来进行的综合比较。

机器狗踏雪

故事分享

暑假来了，酷热难耐，爸爸带着淘淘到冰雪大世界玩耍。淘淘特别开心，拉着爸爸的手说：“我想和机器狗一起去，可以吗?”爸爸欣然同意。来到冰雪大世界的门口，淘淘问：“机器狗需要买票吗?”售票员阿姨微笑着摇摇头。他们先来到雪屋，白白厚厚的积雪，一步一个脚印，爸爸的大脚印和淘淘的小脚印连成一串串。淘淘把机器狗放在雪地上，机器狗的腿一条是正方体，一条是长方体，一条是三棱柱，一条是圆柱。它欢快地跑起来，脚印印在雪地上，爸爸问：“淘淘，你看，机器狗留在雪地上的脚印是什么图形？”

思考分析

淘淘仔细地观察了一下，用小手指着雪中机器狗的脚印说：“机器狗正方体腿在雪地上留下的脚印图形是四条边一样长、方方正正的，是正方形；长方体腿在雪地上留下的脚印图形是两组对边一样长、长长的，是长方形；圆柱腿在雪地上留下的脚印图形是圆圆的，是圆形；三棱柱腿在雪地上留下的脚印图形由三条边围成，是三角形。”爸爸开心地点了一下淘淘的鼻尖，说道：“真是个小机灵！”

拓展思路

爸爸把机器狗的圆柱腿拿下来，用侧面在雪地上滚动一圈，指着印在雪地上的图形问：“淘淘，这是什么图形？”

答案提示

淘淘立刻答道：“长方形。”可是，为什么圆柱的侧面是长方形呢？回到家，爸爸拿出一个用纸做的圆柱体，用剪刀剪开，变

成了两个 __________ 和一个 __________。“圆柱的侧面是长方形，淘淘，你记住了吗?”淘淘肯定地点点头。

智慧提升

小朋友们，立体图形有不同的面，印在雪地上的图形是平面图形，也就是“面在体上”。不同的平面图形有不同的特征，我们可以根据这些特征来辨别平面图形。

免费门票

故事分享

淘淘、乐乐和花花一起去图形王国游玩。到大门口时发现门口张贴着一幅漂亮的图案（如下图），旁边写着：聪明的宝宝们可以免费入园参观。他们三人一看乐坏了，攒足了劲儿准备施展一下自己的才华。

旁边写着好多问题：1. 这个图形有四条边，四个角都是直角，相对的两条边相等，相邻的两条边不相等。请指出这个图形。2. 小房子都由哪些图形组成，请说出来。3. 图中有一个图形只出现了一次，它是什么图形？……

淘淘反应敏捷，迅速地指向了长方形，解答了第 1 题，免费门票就这么轻松地拿到啦！淘淘脸上洋溢着幸福的笑容。乐乐和花花着急啦，一目十行地找着自己会解答的题目。乐乐和花花随后也都顺利通关，拿着靠自己智慧赢得的门票，心里甭提有多高兴啦！

你知道乐乐和花花是怎么回答的吗？

思考分析

这些都是基本图形，我们在读故事的过程中便知道这些图案有长方形、正方形、圆、三角形。正方形只出现了一次。这样就可以完整地找出由多个图形拼成的新图案。

拓展思路

你能找出这个图形中有几个黄色的三角形吗？你能看图写出几个乘法算式吗？

答案提示

从图中我们可以知道：黄色的三角形是松树部分，有 4 组，每组都是 3 个，可以列加法算式：__________________，也可以列乘法算式：$3 \times 4 = 12$ 或 $4 \times 3 = 12$。

智慧提升

从认识图形到乘法算式，我们能用所学的知识灵活解决问题。在认识图形的时候，我们需要辨析清楚，准确判断，真正达到学以致用。

七巧板的玩法

故事分享

最近，玩七巧板的益智游戏悄悄地在学校里面流行了起来。神奇的七巧板可以变换出各种不同的图案来。淘淘很喜欢这样的智力玩具，他已经是一个拼图高手了。他能够熟练地拼出三角形、平行四边形、不规则的多边形等，也可以拼成各种具体的人物形象和如猫、狗、猪、马等动物形象。

将一块正方形的板按右图所示方式分割成七块，就

成了七巧板。

张老师鼓励大家在课余时间交流探索七巧板的玩法，并提出了这样一个问题：“小朋友们，你们知道七巧板是怎样演变而来的吗？”

思考分析

七巧板其实是由一种古代家具演变而来的。

宋朝有个叫黄伯思的人，对几何图形很有研究，他热情好客，发明了一种用 6 张小桌子组成的“宴几”——请客吃饭的小桌子。

后来有人把它改进为由 7 张桌组成的宴几，可以根据吃饭人数的不同，把桌子拼成不同的形状。比如，3 人拼成三角形，4 人拼成四方形，6 人拼成六边形……这样用餐时人人方便，气氛更好。

后来，有人把宴几缩小改变到只有七块板，人们常用它拼图，再后来演变成一种玩具。因为它十分巧妙好玩，所以人们叫它“七巧板”。

拓展思路

七巧板由五块等腰直角三角形（两块小三角形、一块中三角形和两块大三角形)、一块正方形、一块平行四边形组成。为什么七巧板中没有长方形呢?

答案提示

七巧板是基于采用最少的、最基础的7个图形，拼出常见图形的原则设计的。

长方形可以由已有的最基础的图形拼出，所以，长方形就没有被选入七巧板内。

智慧提升

七巧板是古代中国劳动人民的发明，19世纪初，七巧板传到西方，被人们称为“东方魔板”。它结构简单、操作简便、明白易懂。我们可以用七巧板随意地拼出自己设计的图样，但如果你想用七巧板拼出特定的图案，那就会遇到真正的挑战，这正是七巧板的乐趣所在。七巧板可以拼出1600种以上的图案，能够提高我们的智力和观察力。

拼桌子

故事分享

飞飞的姐姐上五年级，她特别喜欢动手拼玩具。周末，姐弟俩一起玩耍，飞飞说："姐姐，你教我拼玩具吧，我也喜欢！"姐姐捏了捏弟弟的小脸蛋儿，笑着说："你年纪小，今天我先教你拼桌子吧。"说完，她从抽屉里拿出一套七巧板，有一个正方形、一个平行四边形和五个三角形。姐姐说："我们家中午有四个人吃饭，桌子就拼成正方形，请你用七巧板中的图形代表桌子拼一拼吧。"

飞飞一想，好简单，这可难不倒他这个小小男子汉：他直接选用了正方形，姐姐皱了下眉头；

他用两个一模一样的三角形拼成正方形，姐姐抿了下嘴；他用一个中三角形和两个一模一样的小三角形拼成正方形，姐姐微笑了一下；他用完整的七巧板拼出正方形，如下图所示，姐姐对他竖起了大拇指。可是，他是怎么拼出来的呢？

思考分析

在经过多次尝试后，飞飞终于拼出来了不同的方案，如下图。

拓展思路

姐姐说："晚上家里有 6 人吃饭，我们把桌子拼成长方形吧。提醒你，不要偷懒，要用七巧板中所有图形拼成哦，加油！"我们一起来帮一帮飞飞吧。

答案提示

飞飞在拼正方形的基础上，认真思考，短短两分钟就拼出来了不同的方案，真棒！飞飞是这样拼的（如下图所示）。

小朋友，你看懂了吗？

智慧提升

七巧板是中国传统智力玩具，大约可拼成 1600 种图形，例如三角形、平行四边形、不规则多边形以及人物、动物、桥、房、塔等形象，也可以拼成一些英文字母。小朋友们，七巧板是特别好玩的玩具，请开始动手拼一拼吧。

大鱼碰小鱼

故事分享

淘淘喜欢去海洋馆看各种各样的海洋动物：有呆萌的小企鹅、凶猛的大白鲨，还有五颜六色的海鱼……令人目不暇接。妈妈说："在海洋里生存，小动物们都是优胜劣汰，适者生存。比如，大鱼吃小鱼，大白鲨吃大鱼。"淘淘若有所思地点点头，和妈妈一起回家了。到家后，淘淘说："我想跟妈妈玩个大鱼吃小鱼的游戏：在积木鱼上面写上数，如果两条鱼碰到了，就做减法，好吗？"妈妈欣然应允。淘淘拿出了5条鱼，分别写上：1、7、8、12、20。游戏开始啦！你觉得会出现哪些结果呢？

思考分析

要解决这个问题，需要把两个数做减法。首先，两数相减，需要按一定的顺序，这样可以不重复、不遗漏。所以，两数相减，出现的结果如下：

碰到小鱼 1：7 － 1 ＝ 6，8 － 1 ＝ 7，12 － 1 ＝ 11，20 － 1 ＝ 19；

碰到小鱼 7：8 － 7 ＝ 1，12 － 7 ＝ 5，20 － 7 ＝ 13；

碰到小鱼 8：12 － 8 ＝ 4，20 － 8 ＝ 12；

碰到小鱼 12：20 － 12 ＝ 8。

拓展思路

“这样还不完整！”淘淘好奇地问道，“按照这样的顺序，接下来该碰到小鱼 20 了，怎么没有小鱼碰到小鱼 20 呢？”

答案提示

1、7、8、12 和 20 相比，都比 20 小，所以碰到的结果是：1 － 20，7 － 20，8 － 20，12 － 20，这样的减法我们还不会计算，以后的数学学习中会和大家见面！

智慧提升

两两相减是减法的一种形式，要按顺序相减，大数减小数，这样才能够做到不重复、不遗漏，这就是分类思考的优势，希望我们在学习中能够学会运用这一方法。

7
8
1
20
12

7
8
1
20
12

比大小

故事分享

淘淘最近学习了比大小，他对使用数学符号“＞”“＜”和“＝”来比较数的大小非常感兴趣。在一篇数学童话里，淘淘编写了一个美丽的数学故事。

任何一个团体都需要秩序来约束大家，数学王国也是如此。很久以前，数学王国里并没有秩序，成员们经常为了分出本领的大小而打架。因此，数学王国整日不得安宁。数学天使看见这样的情况，他很生气，于是就派“＞”“＜”和“＝”三个小天使，到数学王国协助国王维持秩序。

三个小天使来到了数学王国，“=”天使对着0～9十兄弟说：“我们是数学天使派到你们王国的法官，帮助你们治理国家。我是等号，在我两边的数总是相等的。这两位是大于号和小于号。他们开口朝谁谁就大，尖尖朝谁谁就小。”

十兄弟一听他们是数学天使派来的法官，觉得等号讲得非常有道理。他们几个都愿意服从三个小天使的命令。通过比较，数学王国的数字都各自找到了自己的位置，从此以后再也不吵闹了。数学王国因此越来越强盛，国家秩序良好，数字们开始了平和、快乐的生活。

亲爱的小读者，看到淘淘写的数学童话，是不是很有趣呢？

其实，英国人哈里奥特于1631年就开始采用现今通用的“>”及“<”，但并未被当时的数学界所接受，直至百余年后才

逐渐被广泛应用。

下面用“>”“<”和“=”来考考你！

请先计算，然后在圆圈里填上“>”“<”或“=”。

（1）15 + 8 ○ 17 + 5；

（2）45 − 9 ○ 36 + 1；

（3）90 − 30 ○ 75 − 15。

思考分析

无论“>”还是“<”，它们的开口都对着较大的数，尖尖的角都对着较小的数。有一首学习儿歌，有助于我们来记忆：大于号，开口朝着大数笑；小于号，屁股尖给小数看。区分开“>”和“<”，我们先来计算圆圈左右两端的结果，然后再根据结果来比大小。

（1）15 + 8 = 23，17 + 5 = 22，所以 15 + 8 > 17 + 5；

（2）45 − 9 = 36，36 + 1 = 37，所以 45 − 9 < 36 + 1；

（3）90 − 30 = 60，75 − 15 = 60，所以 90 − 30 = 75 − 15。

拓展思路

请先计算，然后在圆圈里填上“>”“<”或“=”。

（1）36 + 12 + 4 ○ 63 − 9 − 7

（2）90 − 45 − 12 ○ 18 + 27 + 10

答案提示

（1）36 + 12 + 4 = 52，63 − 9 − 7 = 47，所以 36 + 12 + 4 ○ 63 − 9 − 7；

（2）90 − 45 − 12 = 33，18 + 27 + 10 = 55，所以 90 − 45 − 12 ○ 18 + 27 + 10。

智慧提升

“>”“<”是数学中常用的运算符号，我们在使用的时候注意开口朝谁谁就大，尖尖朝谁谁就小，这样就可以正确进行比较，能够很快比较出两个数的大小。

巧分类

故事分享

周末，乐乐妈妈去超市采购物品，买回来许多食物，有芒果、丝瓜、香梨、紫茄子、小白菜、苹果、桃子、胡萝卜，这些食物都是乐乐爱吃的。妈妈说：“乐乐，天气热，这些食物要放进冰箱，但是需要分类放，你觉得怎样分类合适？”乐乐说：“按颜色分类，黄色的芒果和香梨放一起，红色的苹果、桃子和胡萝卜放一起，绿色的丝瓜和小白菜放一起，紫茄子单独放。”妈妈说：“乐乐喜欢画画，对颜色分辨最清楚，给你点赞！这些食物还可以分成蔬菜和水果，你会分吗？请你试一试。”

思考分析

把食物分成蔬菜和水果，蔬菜需要妈妈在厨房做好才能吃，而水果洗干净就可以吃了，按照这个标准，蔬菜有丝瓜、紫茄子、小白菜、胡萝卜，水果有芒果、香梨、苹果、桃子。哈哈，实在是太简单了！

拓展思路

吃过饭后，妈妈带乐乐去动物园，他们看到了小狗、小花猫、鹦鹉、小矮马、飞燕、蜻蜓、蝴蝶、蚯蚓、小白兔和小蜜蜂。妈妈说："乐乐，这些动物该怎么分类？"

答案提示

分类一：按有脚的和没有脚的分。

只有 ________ 没有脚，其他动物都有脚。

分类二：按会飞的和不会飞的分。

会飞的动物：________________________________。

不会飞的动物：______________________________。

智慧提升

分类是生活中常见的问题，需要按照一定的标准把具有相同特征的事物归为一类。小朋友，分类能够促使我们养成有条理思考问题的习惯。

最大的数是多少

故事分享

你知道最大的数是多少吗？在周末的家庭读书会上，淘淘与家人就这个问题展开了激烈的讨论。尽管如此，最终还是没有一个准确的答案。妈妈告诉淘淘："天上星星的数量就是最大的数。"爸爸对淘淘说："如果我说，我说出来的数永远要比你知道的数大一，你认为你的数还是最大的吗？"淘淘有些不明白，因为这实在是太不可思议了。

来到学校里，淘淘找张老师问答案："张老师，世界上最大的数是多少啊？"

"任何一个人都不能数到数的尽头。"张老师说道，“到目前为止，不管是多有天分的数学学者，也没有人能够找到数的尽头。我们当前的学习，已经认识到了 100，但是，比 100 更大的数还多着呢。你可以上网去搜集一些资料看一看。”

放学后，淘淘和乐乐一起查阅了关于最大的数的许多资料。数学家们为了找到世界上最大的数，真是煞费苦心、上下求索。阿基米德曾经说：“把地球的所有海洋和洞穴都用沙粒装满，将需要多少粒沙子呢？”从这个问题出发，他得出了 10 的 51 次方，即 10^{51}。这是一个庞大的数，却不是世界上最大的数。

在东方，人们也在为寻找最大的数而不懈努力。古代中国把“极”看作最大的数，“极”是相当于 10 的 48 次方的巨大数，但是“极”显然也不是世界上最大的数。

在印度，人们找到了比“极”更大的数，它是 10 的 52 次方，被称为“恒河沙”。大到无法计量的“无量大数”，在印度和中国等东方国家被认为是最大的数，但是“无量大数”还不是世界上最大的数。

事实上，数根本就没有尽头，虽然无法把数全部数完，但我们可以不断延伸对数的认识。因此，现代数学中就产生了表示“数是没有尽头的”含义的“无限大”，用符号“∞”来表示。

许多大数读起来并不方便，为了更方便阅读，人们从数的末尾开始，每三个数字插入一个逗号。这样一来，就大大降低了读的难度。数的大小决定了数的数目，“无量大数”不能找到，数的数目怎么能搞清楚呢？

淘淘终于知道了，原来世界上最大的数是不存在的。

思考分析

小朋友，100 以内的数的认识、读、写与计算仅仅是学习的基础哦！在我们的学习中，有一位数、两位数、三位数，之后还有四位数、五位数、六位数……在小学阶段，我们将会认识这些数，学习它们的读写方法及意义。

拓展思路

你在哪里看到过哪些数？请将你看到的这些数及内容记录下来，等你长大了，再来回顾这些，你就会知道，它们是什么，有什么用处了。

答案提示

在学习过程中，我们将会接触到更多比百还要大的数。当我们的知识积累到一定的阶段就会知道，数的世界实在是太广泛、太精彩了。未来，还有许许多多的数学奥秘等着我们去探索呢！

智慧提升

数的认识是小学数学中的重要内容，因此，我们要牢牢把握。数很有趣，并且知道数是无穷无尽的，这对我们未来的学习非常重要。

货币面额中的学问

故事分享

淘淘最近需要花钱。周一早上刚要上学，他就叫住要出门的爸爸，向爸爸要零用钱。爸爸拿出一张 10 元给他。他努努嘴说道："这一周乐乐过生日，我肯定要准备生日礼物。"爸爸笑道："好啊，可是我先考考你，你什么时候答对了我的问题，我再给你拨专款吧！钱为什么只有 1 角、2 角、5 角，1 元、2 元、5 元和 10 元、20 元、50 元、100 元？"把问题丢给淘淘后，爸爸就出门了。

淘淘答不上来，只好去向同学求助。乐乐是一个万事通，找他问答案准没错。乐乐告诉淘淘，这个问题他之前正好了解过。

由于人民币是在市场上流通的货币，银行在发行时就希望货币的面额品种尽量少，但又容易组成 1 ～ 9 这 9 个数字。这样就既能减少流通中的麻烦，又能顺利完成货币的使命。1、2、5 是符合上述要求的最佳选择。因为除了 1、2、5 本身，其他数都可以用这三种面额组合起来实现。如：

$1+2=3$　　$2+2=4$　　$5+1=6$

$5+2=7$　　$5+2+1=8$　　$5+2+2=9$

这就是说，人民币的面额有 1 元、2 元、5 元三种就够了，不需要面额是 3 元、4 元、6 元、7 元、8 元、9 元的。同样地，也只需要 10 元、20 元、50 元，便能最方便地组成 30 元、40 元、60 元、70 元、80 元、90 元。

原来货币面额组成的背后竟然有这么多的数学问题！

根据同样的数学道理，请你设想一下，如果我国将要发行大于等于 100 元、小于 1000 元的人民币，银行可能会发行什么面额的人民币？

思考分析

目前，我国的货币人民币的面额为 1 角、5 角、1 元、5 元、10 元、20 元、50 元、100 元。随着经济水平的不断提高和人民生活的不断改善，一些曾经发行的面额正在逐步减少，如 1 分、2 分、5 分的纸币已经消失，顺应这样的发展趋势，未来我国极有可能会发行大额人民币，即大于 100 元、小于 1000 元面额的人民币。那么，发行的人民币也将会延续 1、2、5 这样的配额形式，以便于发行面额品种最少而实用价值最高。

因此，如果我国将要发行大于等于 100 元、小于 1000 元面额的人民币，只需面额是 100 元、200 元、500 元三种人民币即可，因为这样最方便凑成 300 元、400 元、600 元、700 元、800 元、900 元。

拓展思路

世界上很多国家的货币也是由 1、2、5 这三个面额组成的，但是也有一些国家的货币是由 1、3、5 这三个面额组成的，这当然也符合方便简单的要求。你知道为什么吗？

答案提示

用 1、3、5，也能组合得到其他几个数，因此，面额用 1、3、5 的组合也是可以的。用 1、3、5 可以组成其他面额，如：

智慧提升

人民币的面额是我们经常看到的，让我们从日常生活中的问题进行思考和追问，用数学的眼光观察生活，用数学的思维思考生活，真正思考数学在生活中的应用，在解决问题的过程中进一步提升我们对数学的认识吧！

买 菜

故事分享

奶奶负责全家的食品采购，是一个买菜高手。今天是周末，淘淘感到特别高兴，因为今天他要和奶奶一起去买菜，终于可以大干一场，自己独立“砍价”买菜了。今天，奶奶仅仅是陪同淘淘，剩下的事情需要淘淘自己完成。拿着买菜清单，带上钱，淘淘一蹦一跳地和奶奶出门了。别看淘淘个子小，他可是非常聪明能干，一来到菜摊，就像经验丰富的老手一样，东瞅瞅，西问问。最后，他决定在眼前的菜摊前买菜。经过讨价还价之后，聪明的淘淘将每千克 1 元的洋葱压价到每千克 9

角，并且告诉菜贩子要买 3 千克洋葱，然后拿出了一张 10 元的人民币递了过去。

菜贩子接过钱后，从一叠零钱里抽出一张 5 元，一张 1 元，三张 1 角，然后对淘淘说：“找你 6 元 3 角，数一数吧，对不对？”

淘淘接过钱数了一遍，不多不少正好是 6 元 3 角，于是提起菜篮子就走了。

回到家以后，奶奶首先表扬了淘淘，夸赞他今天买菜的表现不错。然后，奶奶拍着淘淘的头说道：“孩子，虽然你的表现已经很棒了，可是你犯了一个不该犯的错误呀！仔细想一想，你在哪里粗心大意了呢？”奶奶继续说：“虽然你妈妈常夸奖你在学校里的数学非常好，但是你更应该学会生活实际应用。”

淘淘赞同地点了点头，奶奶又接着说：“算账的时候，如果一下子就考虑得很细，有可能抓住芝麻，丢掉西瓜，因小而失大。验算要先抓西瓜，看看得数的首位数对不对？如果大数目对了，有时间再抓一抓‘芝麻’，算算细账。实在没有时间就算了。即使小数目有点误差，损失也是微乎其微的。”

淘淘听完之后，仔细回想了一下买菜的过程，终于找到了自己马虎大意的地方。有了这一次的经历，淘淘下定决心，今后自己一定要更加认真细心。

思考分析

淘淘买 3 千克洋葱，需要支付 2 元 7 角，10 元减去 2 元 7 角，应该是 7 元多，所以，淘淘买洋葱后应找回 7 元 3 角。

拓展思路

如果淘淘在另一个菜摊买了韭菜 2 元 3 角、芹菜 1 元 5 角，付给菜贩子 5 元钱，应找回多少钱？

答案提示

我们可以先估算一下，一共花去 3 元多，不到 4 元，应该找回 1 元多。可以先算出买韭菜和芹菜的钱一共是 3 元 8 角，5 元减去 3 元 8 角，是 ________。也可以先用 5 元减去 2 元 3 角，等于 2 元 7 角，再减去 1 元 5 角，等于 ________。所以，淘淘买菜应找回 ________。

智慧提升

在日常生活中，数学知识的应用无处不在。估算是最简单、最实用的数学技能。淘淘买菜的故事告诉我们，如果估算运用得好，那么将会避免很多显而易见的错误。当然，仅仅估算还是不够的。数学是严谨的学科，数学计算更是马虎不得。养成计算之后认真检验的习惯，那么无论是什么样的计算，我们都能做到计算正确。

巧妙的错误

故事分享

淘淘家住在幸福小区，门口的超市开业了，幸福小区周边的人们都来凑热闹，一下子，超市里面人来人往，非常热闹。

家里来了客人，妈妈让淘淘出门去买点水果回来，淘淘一口答应了。在去买水果的路上，淘淘听到许多人都在谈论刚开业的那家超市，说里面的水果和蔬菜都很新鲜，而且超市的工作人员服务态度也很好，听到这里，他准备进去转一转。

淘淘来到超市里，这里的生意真好呀！前来买东西的人络绎不绝。淘淘转到水果区，挑了一些苹果和桃子，在称重处称好之后，就准备去结账了。看着正在忙碌的收银员，淘淘决定先把需要付的钱准备好。

终于快轮到淘淘了，前面还有一个人正在结账，淘淘已经等不及了，他眼巴巴地望着收银员，心里想着能再快点儿就好了。这时，淘淘看到前面的叔叔从口袋里拿出了 100 元，收银员找了他 91 元。拿到 91 元放入自己的口袋之后，他又突然对收银员说："哦！不好意思，我兜里又找到了 9 元的零钱，我把 9 元钱给你，你将我给你的 100 元还给我。"收银员想了一下，就将 100 元还给了那位叔叔。

结账后，那位叔叔正准备走出超市，这时，淘淘叫住了他，同时对收银员阿姨说："你们两个的钱算错了。"同学们，淘淘说得对吗？收银员阿姨真的算错了吗？

思考分析

那位叔叔消费了 9 元，他首先付了 100 元，而收银员也找零

91 元，他们的本次交易其实已经完成了。而这时，那位叔叔再拿着 9 元零钱，要求换回之前的 100 元，这已经不能算是等价交换了。所以，一定出错了，淘淘说的是对的。

拓展思路

如果这件事情没有被淘淘发现并制止，那么超市在这一次结账中会实际亏损多少钱呢？

答案提示

这其实是一个很简单的错误，那位叔叔有了零钱之后，给了收银员 9 元，要回了自己原来的 100 元，但是之前收银员阿姨已经找回给他 _____ 元，所以他多拿了 _____ 元。如果淘淘没有发现并制止这件事情，超市将会亏损 _____ 元。

智慧提升

在我们的生活中，像这样看似正确的例子有很多，在遇到问题的时候，我们首先要保持清醒的头脑，然后弄清楚事物之间的关系，这样的话，我们就能避免简单的错误。

张老师的年龄

故事分享

淘淘和乐乐都是非常聪明的学生，但有时候也很调皮。他们两个在一起就会做出一些调皮捣蛋的事情。

新学期开学的第一天，上课铃声响过之后，新来的英语老师是一个外教，长得帅极了，外教老师介绍自己来自英国，他还有个中国名字叫张杰。淘淘和乐乐开始在下面嘀咕起老师的年龄来。淘淘说，老师最多也就二十七八岁。乐乐说老师看上去有30多岁了。由于两人意见不一致，他们争执了起来，这引起了张老师的注意。

张老师知道他们的争吵原因之后，笑着说："想知道我的年龄并不难哦。乐乐，请你把你的年龄写在这个本子上。"乐乐把自己的年龄7岁如实地写在了本子上，交给老师。

老师先将纸上的年龄展示给淘淘看，然后对淘淘说："乐乐到我现在这么大时，我已经51岁了。淘淘，你来算一下我的年龄是多少岁呢?"

淘淘低头算了起来，不一会儿，他就说："老师，您的年龄是29岁。"

张老师微笑着点了点头，并告诉他们以后要注意课堂秩序，有问题下课之后再讨论。淘淘和乐乐都不好意思地低下了头。

亲爱的小读者，你知道淘淘是如何通过计算得到张老师现在的年龄的吗?

思考分析

乐乐今年 7 岁，到张老师现在的年龄，时间经过了若干年。而张老师的年龄也在随着时间的增加而增长，从现在的年龄经过同样的若干年一直增长到了 51 岁，即：张老师现在的年龄 − 7 = 51 −张老师现在的年龄。

通过这样一个等式，我们就能计算张老师现在的年龄。

张老师现在的年龄＋张老师现在的年龄＝ 51 ＋ 7

张老师现在的年龄＋张老师现在的年龄＝ 58

两个张老师现在的年龄之和等于 58，通过以上分析，我们就不难得出张老师现在的年龄是 29 岁。

拓展思路

淘淘比乐乐大 2 岁，当淘淘长到张老师现在的年龄时，张老师多少岁了呢？

答案提示

乐乐今年 7 岁，淘淘比乐乐大 2 岁，也就是 7 + 2 = 9（岁）。张老师今年的年龄是 29 岁，也就是淘淘需再过 29 − 9 = 20（年）才能到张老师现在的年龄。那时，张老师是＿＿＿＿＿＿＿＿＿＿＿＿＿＿＿＿＿＿＿＿＿＿＿＿。

智慧提升

因为张老师和乐乐的年龄都是随着时间的增加而增长的。我们在分析的时候，注意找到变化中的不变的数量，这样就可以更好地促进我们对问题的理解和思考，从而有效解决问题。

环城一日公交行

故事分享

春天是郊游的好季节，这周，班里就组织了一次与众不同的环城之旅。同学们决定更深入地了解一下我们的城市，乘公交车一日行。沿着公交的路线，欣赏不同站点的风景，观察不同站点的人们。这样的计划让同学们兴高采烈！

淘淘小组的同学们乘坐了公交1路车，愉快的公交行就这样开始了。淘淘小组的同学们用数学的眼光去观察，一上车他们就数出公交车上一共有56人，车上的人们有的低头玩手机，有的在听音乐，还有人在低声哼着小曲。第一站到了，车上下去了 27 人，可是又上来了 19 人，这下淘淘他们可着急了，现在车上到底有多少人啊?

思考分析

淘淘小组观察的 1 路车，下车人数比上车人数多，所以现在车上的人数比刚开始少了。下车人数多，上车人数少，可以用下车人数－上车人数＝少的人数。再用原来的人数－少的人数＝现在车上人数。所以，27 － 19 ＝ 8（人），56 － 8 ＝ 48（人）。

我们也可以按照上下车的顺序思考。车上原来有 56 人，下车 27 人，车上现有 56 － 27 ＝ 29（人），又上车 19 人，现在车上有 29 ＋ 19 ＝ 48（人）。

拓宽思路

乐乐小组的同学们乘坐的公交 2 路车，是双层公交车。乐乐小组的同学也留心观察了公交车上的人数，上车时车上一共有 71 人，中间靠站停车，下车 38 人，上车 42 人，现在车上有多少人?

答案提示

乐乐小组观察的 2 路车，下车人数比上车人数少，所以现在车上的人数比刚开始多了。可以用上车人数 − 下车人数 = 多的人数，再用原来的人数 + 多的人数 = 现在车上人数，所以，42 − 38 = 4（人），71 + 4 = 75（人）。

我们也可以按照上下车的顺序思考。车上原来有 71 人，下车 38 人，车上有 ______________________，又上车 42 人，现在车上有 ______________________。

智慧提升

我们在解决上下车问题时，需要学会厘清关系，找准变化的量，只有这样，才能更好地解决问题。

谁动了我的草莓

故事分享

淘淘的小表妹到家里来做客，妈妈拿出新鲜的草莓让淘淘和妹妹一起吃。淘淘说："你是妹妹，比我小，给你分 10 颗草莓，我自己吃 6 颗，好不好？"妹妹开心地点点头。淘淘去厨房帮忙了，妹妹一直在看电视。一会儿，他一看，自己的草莓只剩 4 颗了；又过了一会儿再一看，自己的草莓只剩 2 颗了；吃饭前一看，草莓没有了，而妹妹的草莓却多了 6 颗。小朋友们，你知道谁动了淘淘的草莓吗？是怎样减少的？

思考分析

小朋友们，你们都猜到是小表妹拿了淘淘的草莓，那淘淘的草莓是怎么减少的呢？我们可以用算式表示：

$6-2=4$（颗）

$4-2=2$（颗）

$2-2=0$（颗）

原来，小表妹每次拿 2 颗草莓，3 次就把淘淘的草莓拿光了，真淘气！

拓展思路

淘淘的草莓少了，而妹妹的草莓多了，那么妹妹的草莓是怎么变多的呢？

答案提示

小表妹每拿淘淘 2 颗草莓，她自己的草莓就多 2 颗，她拿了 3 次，用算式表示为：____。

智慧提升

淘淘的草莓每次少 2 颗，妹妹的草莓每次多 2 颗，这就是数的递减与递增，找到其中的规律，就能准确地发现草莓数量的变化情况。在草莓数量变化的过程中，减少和增多是同时的。

采花生

故事分享

周末，天气晴朗，淘淘、乐乐、聪聪和飞飞跟着爸爸、妈妈一起去采花生。到了花生园，乐乐说："花生树在哪里呢？"乐乐妈妈摸着乐乐的小脑袋说："乐乐，花生可不长在树上，它们都长在土里呢！"乐乐说："妈妈，我们赶紧去采花生吧。"说罢，就拿着小铁铲去采花生了。其他三个家庭也紧随其后，家长们边采边聊天，小朋友们采一会儿，玩一会儿，开心极了。休息时，聪聪问妈妈："妈妈，我采了多少颗花生？"妈妈拿出一堆儿花生放在桌子上，说："你来数一数。"聪聪皱着眉头说："这么多，我该怎么数呢？"

思考分析

妈妈说："聪聪，你先一颗一颗的数吧！"聪聪点一颗花生数一个数，数到 39 时，忘了接下来是多少了。聪聪小脑筋一转："9 + 1 = 10，9 后面是 10，19 后面是 20，29 后面是 30，39 后面是 40。"妈妈说："你两颗两颗地数，数一数有多少颗花生。"聪聪伸出食指和中指，每次点两颗花生，数到："2，4，6，8，10……38，接下来是 40。妈妈，两次都是 40，我采了 40 颗花生！"妈妈竖起大拇指，夸道："你真是聪明的聪聪啊！"

拓展思路

妈妈拿出自己采的花生，放在桌子上，笑眯眯地看着聪聪："儿子，你数一数妈妈采了多少颗花生。"妈妈采的花生堆得像座小山，这么多，一颗一颗地数，两颗两颗地数，得什么时候数完啊？聪聪又皱起了眉头。小朋友，你能帮一帮聪聪吗？

答案提示

“聪聪，你可以五颗五颗地数啊！”飞飞提示聪聪，聪聪一听，立刻露出笑容，伸出右手，每次点五颗花生，然后数道：“5，10，15，20……100，妈妈采了 100 颗花生，好棒耶！”淘淘说：“聪聪，十颗十颗地数也可以。”当聪聪准备用两只小手一起点花生时，淘淘说：“你每次数出来 10 颗，堆成一小堆，然后再数数，10，20，30……100。”

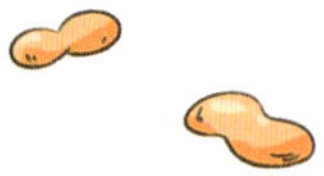

智慧提升

数数是数学的入门。数数有很多不同的方法：数量少可以一个一个数或两个两个数；数量较多可以五个五个数或十个十个数……数数时不能重复数，也不能遗漏哦！

写信

故事分享

周末，妈妈在整理物品，淘淘在旁边玩耍。妈妈拿出一个小盒子，打开后里面是一封封信，淘淘说：“妈妈，我可以看一看吗？”妈妈说：“这是妈妈的私人信件，不可以乱看哦！不过，你可以看一看信封。”淘淘拿起信封仔细端详，信封上都有哪些信息呢？

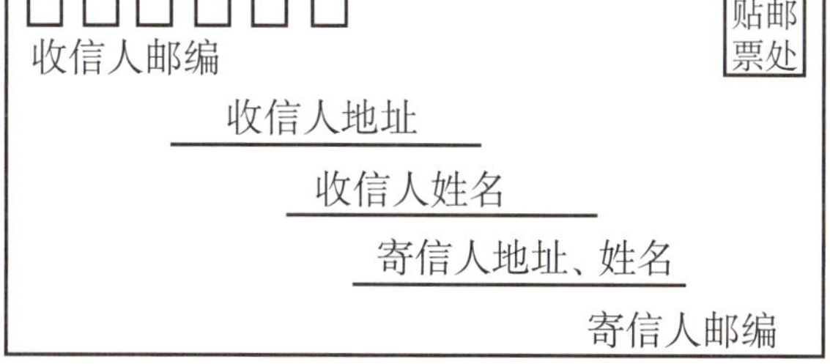

妈妈介绍后，淘淘恍然大悟，可是什么是邮票呢？妈妈拿出几张邮票，又给淘淘介绍了邮票：

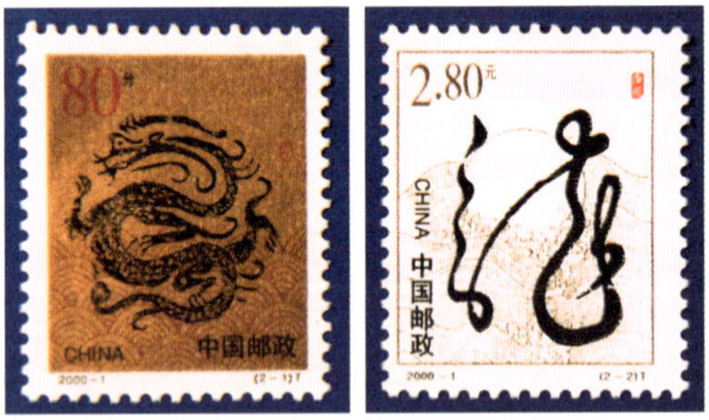

“邮票上都有资费，这就是寄信的费用。如果每张邮票都是 80 分，寄 1 封信需要 1 张邮票，寄 5 封信需要多少钱？”

思考分析

淘淘心想：“80 分是多少呢？”他转身去问爸爸，爸爸摸着淘淘的头说：“80 分就是 8 角，只不过现在面额为 1 角的钱用的不是特别多，现在经常用到的较小面额是 1 元，也就是 10 角。”淘淘点点头，边走边算：“每张 8 角，总共 5 张，一共需要 $8\times5=40$（角）。妈妈，是 40 角，对吗？”妈妈点点头，为淘淘竖起了大拇指！

拓展思路

淘淘说："妈妈，我都没有见过面额为 1 角的钱，我只见过 1 元的，40 角的人民币是什么样的？"妈妈笑起来："淘淘，没有面额为 40 角的钱。现在大家都不怎么用现金了，都用支付宝和微信，你没见过也可以理解。妈妈再问你一个问题：40 角是多少元呢？"

答案提示

淘淘回想爸爸刚才说的话后说："1 元是 10 角，那么 10 角是 ______ 元，40 角呢，就是 ______ 元。"

智慧提升

小朋友，写信是过去的通信方式，现在大家都用电子邮件、短信和微信联系，这是时代的发展。虽然信封已经很少用了，但邮票中的数学信息和数学问题还有很多，等你去发现哦！

答　　案

P002　89

P005　五　右　两

P012　45

P014　重　重

P017　3 + 4 = 7（只）　7 + 2 = 9（只）（此题答案不唯一）

P025　分针和时针　计算器　直尺

P028　Ⅰ、Ⅱ、Ⅲ、Ⅳ、Ⅴ、Ⅵ、Ⅶ、Ⅷ、Ⅸ、Ⅹ

P032　4

P034　0 + 10 = 10

P039　1 + 2 + 3 + 4 = 10

P048　3 + 3 + 3 = 9　9 − 3 = 6

P052　3　6　4　5

P055　6 − 4 = 2　6 − 3 = 3　4 − 3 = 1

P058　10 + 3 = 13（元）　20 − 13 = 7（元）

P059　7

P079　圆形　长方形

P082　3 + 3 + 3 + 3 = 12

P097　>　<

P099　蚯蚓　鹦鹉、飞燕、蜻蜓、蝴蝶、小蜜蜂　小狗、小花猫、小矮马、蚯蚓、小白兔

P108　2　4　6　7　8　9

P112　1 元 2 角　1 元 2 角　1 元 2 角

P115　91　91　91

P119　29 + 20 = 49（岁）

P122　71 − 38 = 33（人）　33 + 42 = 75（人）

P125　10 + 2 = 12(颗)，12 + 2 = 14(颗)，14 + 2 = 16(颗)

P133　1　4

阅读收获

亲爱的小朋友，请你找出本书中最喜欢的一个数学故事，然后画出这个故事，或用连环画的形式呈现你的阅读收获。我们期待你的精彩展示呦！

学校：____________________ 班级：___________ 姓名：___________

数学阅读奠基学生的终身发展
（代后记）

阅读是一个人的基本学习能力，也是儿童精神成长的重要途径。而数学是一个魅力多姿的世界，如何在阅读中走向多彩的数学世界，我们进行着数学阅读的探索。本套丛书中的故事充满童趣，与学生生活实际紧密结合，让大家体会到数学的广泛应用。书中的数学故事以数学知识为明线，以数学核心的思想方法为暗线，注重通过故事介绍高观点背景下的深入思考，注重教会孩子思考的方法和策略，真正在智慧阅读中学数学、用数学、玩数学。

2019 年，《魔力数学》（4 册）出版后得到了广大教师、学生和家长的厚爱，不断重印。同时，它走出国门，输出到阿联酋。该套丛书荣获 2019 年中南六省优秀教育读物一等奖，入选 2020 年浙江省书香工程推荐书目、2020 年河南省中小学图书馆推荐书目等。数学阅读的研究成果荣获河南省基础教育教学成果奖，研究成果先后在浙江省、山东省、河南省、四川省、新疆维吾尔自治区、内蒙古自治区、海南省等多个省区进行推广，受到了大家的一致好评。

我们名师工作室接待了国培、省培教师，展示了数学阅读的课例和专题报告；开展了中原名师工作室省级名师、省级骨干教师研修专题讲座；并与河南省新密市、洛阳市瀍河区、尉氏县等地组建数学阅读联盟。

数学阅读课程辐射到名师工作室研修教师及所在学校；引领河南省新郑市“名家育名师”基地校研修，聚焦数学阅读深耕；开辟数学阅读专题微信群，围绕数学阅读主题研讨交流。

2017 年 5 月，郑州教育电视台对我的数学阅读研究进行专题报道；2018 年 4 月，他们再次聚焦数学阅读的教与学进行跟踪报道。2017 年 10 月，我撰写的《数学课外阅读的教育魅力》发表在《教育时报》上。

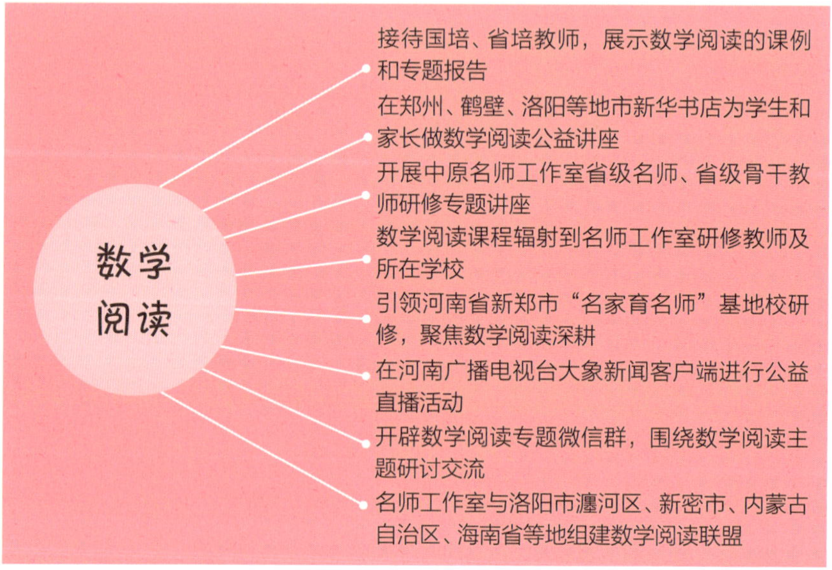

今天，根据读者反馈及调研，大象出版社决定将 4 册《魔力数学》修订为 6 册，设置“淘淘”“乐乐”“飞飞”“花花”4 个 IP 形象，采用彩色印刷，搭配优美插图，按照国标规范设计字号。此次修订，针对性更强，内容更完善，装帧更精美，提高了丛书的品质。同时，我们将 2022 年新课标的理念融入修订工作中，更突显数学核心素养。

如果说，我在数学阅读方面有那么一点点思考的话，首先，我要感谢蔡金法教授、刘坚教授、王明明老师、王永老师等新世纪小学数学教材编写组的专家，是他们给予我无私的帮助和指导，是他们在繁忙的教学、科研任务之余抽出大量时间，付出大量精力，精心指导我做好数学阅读。同时，我也要感谢全国新世纪小学数学杰出人才第三届高级研修班的同学们，感谢他们无私的帮助和鼓励。

感谢校讯通为我搭建了更宽广的平台，作为校讯通第六届、第七届、第八届、第九届、第十届数学阅读专家评委，我在引领数学阅读的同时也汲取着老师们的智慧，这也促使我不断在数学阅读的旅程中行进着。

感谢洛阳市瀍河区的尚丽花老师、新密市的宋伟琴老师、漯河市源汇区的邢燕老师、新郑市龙湖镇小乔完全小学数学基地校等将《魔力数学》作为数学阅读读本进行区域探索。非常感谢很多志同道合的同人们慕名而来，一起进行数学阅读的教与学。

感谢我所在单位郑州市金水区实验小学、郑州市金水区金桥学校的领导和同事，是他们为数学课外阅读的开展提供了实践的沃土。

感谢《小学生学习报》编辑汪录辽、秦建华老师的关心，并在该报开辟专栏刊载；感谢校讯通的谢君、赵娜老师提供了修改、完善数学故事的建议；感谢宋君小学数学名师工作室研修团队给予的帮助；感谢大象出版社编辑梁金蓝老师为本套丛书的出版所付出的大量心血。同时，感谢一直在身后默默无闻支持我的妻子，正是她无私的奉献，使我有了更多的时间把自己的想法和思考进行梳理，分享给更多的人。

最后，感谢名师工作室将数学阅读作为专题进行研究。请允许我将名师工作室第二届、第四届研修教师名单列于此。名师工作室第二届研修教师：穆桂鹤、魏霞、刘英杰、徐雪华、张文艳、陈伟伟、任庆涛、张艺、韩晓彤、李国建。名师工作室第四届研修教师：刘英杰、张艺、韩晓彤、李倩、梁海霞、刘婵、刘莹莹、喻海游、黄文倩、胡慧芳、刘亚楠、肖菲菲、张龙辉、张婷、李芳芳、刘娟、王鹏鹤、苌婷、李果、张曼佳、蒋飞、夏春艳、苏蒙蒙、岳冲冲、王改霞、王倩玉、杨利利、乔花花。

阅读带来快乐，快乐产生兴趣，兴趣开启智慧，智慧引领发展。让我们一起进行数学阅读，一起踏上智慧阅读之旅，一起分享数学阅读的快乐。让阅读引领精彩，奠基学生的终身发展。

限于本人水平有限，写作中难免有不妥之处，欢迎大家批评指正。

宋　君